人気のトリュフやポルチーニなど！

ドライきのこの美味レシピ

真藤舞衣子

栄養監修 柳澤幸江（和洋女子大学教授）

porcini

yamabushitake

truffle

もくじ

chapter 1

風味を楽しむ しあわせきのこレシピ

chapter 2

おかず

本書での決まりごと

●大さじ1は15ml、小さじ1は5mlです。●砂糖はきび砂糖、塩は天然塩を使用。水はミネラルウォーター（軟水）や浄水がおすすめ。●油は米油を使用。代用する場合は菜種油などクセのない植物油をご使用ください。●酢は米酢を使用。●室温とは20～25度くらい。●1歳未満の乳児に、はちみつを使用したメニューを与えないでください。●保存期間は目安です。早めに食べ切りましょう。

matsutake

maitake

chapter 3

ごはん

chapter 4

パスタ＆麺

chapter 5

スープ＆鍋

chapter 6

おやつ

自然のうま味が
ギュッと詰まっているから
料理が楽しくなる
ドライきのこ

「菌活」としても人気が高いきのこは、生のままでは早めに使い切らなくてはいけませんが、乾燥させれば、保存性が高くなるのはもちろんのこと、うま味が凝縮されて、さらにおいしくなるといううれしいメリットがあります。世界三大きのことして知られる、トリュフ、ポルチーニ、松茸もドライのものなら、使いたいときに少しずつ利用することができ、いつでもご馳走気分を味わえます。料理ページでは、そうしたドライきのこのおいしくて楽しいレシピをご紹介します。

ドライやまぶしたけ

小分けにして乾燥させたもの。傘も柄もない、まん丸の白いきのこは、山伏が身につけている梵天に似ていることからその名があります。中国では宮廷料理にも使われ珍重されてきたというきのこです。

トリュフパウダー

ドライトリュフを粉末にしたもの。料理に混ぜて使うと、おだやかな風味を味わうことができます。塩に混ぜれば手軽にトリュフ塩が完成します。

ポルチーニパウダー

ドライポルチーニを粉末にしたもの。料理にふりかけてポルチーニの風味を手軽に楽しんだり、だしパックに入れてだしとして使うこともできます。

ドライまいたけ

食材としておなじみですが、乾燥させることで、うま味と香りが凝縮。歯ごたえもあるので、生のまいたけとはひと味違う食感を味わえます。しょうゆやオイルに漬けて調味料として楽しむのもおすすめ（P27参考）。

ドライ松茸

秋の味覚の王者である松茸は、人工栽培ができないため天然ものしか流通していません。食べごろに大きく育った貴重な天然ものを、スライスして乾燥させることで、いつでも手軽に味わえます。

ドライトリュフ

独特な香りが珍重される、ころんと丸い形をした高級きのこ。地中に生息しているため、豚や犬を使って探すことでも知られています。天然もののトリュフをスライスして乾燥させたもので、自然の風味を味わえます。

松茸パウダー

ドライ松茸を粉末にしたもの。吸い物や味噌汁にふりかけたり、そばやうどんの汁に加えたりして、手軽に使うことができます。

ドライポルチーニ

ポルチーニをスライスして乾燥させたもの。ふっくらかわいらしい姿から、イタリア語で仔豚を意味するポルチーニの名があり、日本ではヤマドリタケとも呼ばれています。松茸と並び称される上品な香りと風味が特長。

身体によい成分がたっぷり

ドライきのこの栄養

栄養監修／柳澤幸江

きのこには、糖質の代謝を促進し、疲労回復を促すというビタミンB_1や高血圧の予防効果があるといわれるカリウムなどのミネラルが豊富に含まれています。これらの栄養素は水溶性なので水に溶けます。そのためドライきのこを戻して使う時は、戻し汁も無駄なく使うことができればより有効です。健康や美肌効果も期待できる、おいしいドライきのこを日々の食卓に気軽に取り入れると、活き活きと健康的な暮らしが期待できます。

柳澤 幸江（やなぎさわ・ゆきえ）
和洋女子大学教授。女子栄養大学大学院博士後期課程修了・博士（栄養学）・管理栄養士。2020年日本咀嚼学会優秀学会賞受賞。日本咀嚼学会副理事長。

菌活で体調管理

菌活とは、身体の内側から健康で美しくなる、そんな食習慣のこと。**100%菌**できているきのこは、身体によい菌食材を食べる「菌活」にはぴったりの素材です。そして豊富に含まれる食物繊維は腸の**善玉菌のエサ**となり**「腸活」**とダブルで行うことができます。

免疫力アップ

菌類であるきのこにも細胞壁があり、そこに多く含まれるβ-グルカンには免疫機能を高める働きがあります。ガン細胞の増殖を抑える働きや、体内の免疫細胞に働きかけ、体外から入ってきたウイルスなどを撃退する効果もあるので、花粉症などで悩む人には朗報となる**アレルギー予防効果**も期待されています。

美肌効果

肌と腸内環境には密接な関係があります。腸内環境が乱れると、悪玉菌が増えることで有害物質が血液を通して体内を巡り、やがて肌荒れなどの肌トラブルを起こすことになります。きのこには、腸内の**善玉菌**を優位な状態に保つ働きがあるので、**美肌を維持**することにつながるのです。

便秘予防

きのこには**食物繊維**が豊富に含まれています。なかでも不溶性食物繊維は、便のかさを増したり、**腸のぜん動運動**を促進することにより排便を促してくれます。また水溶性食物繊維には便を柔らかくする働きがあるので、いろいろな種類のきのこをバランスよく食べることが、便秘予防にはおすすめです。

ビタミンが豊富

きのこの栄養素で注目したいのがビタミンです。疲労回復に役立つ**ビタミンB_1**、美肌や健康な髪をつくる効果が期待できる**ビタミンB_2**を始めとし、カルシウムの吸収を促進し、骨粗鬆症を防ぐ効果が期待できる、きのこならではの**ビタミンD**など、体によいビタミンが豊富に含まれています。

point!

きのこに多く含まれるビタミンDは脂溶性のため、油を使って調理すると吸収力を高められます。

咀嚼による健康と美容効果

ドライきのこには噛みごたえのあるものが多いので、**よく噛む**ことで食べ物が小さくなり、さらに唾液も多く分泌されるため、胃腸への負担を和らげます。また噛むことで脳への血流が増加し、**脳が活性化**されます。噛むことは、顔の表情筋を使うエクササイズにもなるので顔にハリが生まれ、美容効果も期待できます。

カロリーほぼゼロ

食物繊維が豊富でさまざまな栄養素を持ちながら、カロリーがほとんどないので、いろいろな料理に使ってお腹いっぱい食べてもエネルギー量が増える心配はありません。しかも近年、きのこに多く含まれる**ビタミンDの欠乏**が**認知機能低下**や**認知症発症のリスク**になることもわかってきたため、毎日食べて、**健康維持**に役立てたいものです。

ドライきのこの戻し方

軽く汚れを落とします

天然のきのこにはホコリがついたり、砂をかんでいることがあるので、さっと水洗いします。

じっくり味わうには 水、ぬるま湯戻し

ドライきのこをひたひたの冷水に浸けてラップをかけ、冷蔵庫に5時間以上おきます。風味を活かしたい派におすすめの戻し方です。もう少し早く戻したいときは、30～40度のぬるま湯に浸け、常温に30～40分おきます。

時短でお手軽に 真藤流お湯戻し

ドライきのこを容器に入れ、熱めの湯をひたひたに注いで10～15分おきます。

戻し時間はお好みで

きのこの食感を楽しみたいときは、いずれも戻し時間を短めに。特にドライ松茸は、シャキシャキとした独特の歯ごたえが蘇ります。

戻し汁も活用

戻し汁にはうま味があり料理に使えるので、きのこを戻したときは、ペーパータオルなどを敷いたざるで濾します。戻したきのこはしっかりと水気を切り、料理に応じて刻みます。

だしをとるときは パウダーも便利

だしパックにパウダーを入れて湯に浸けます。ドライきのこを粉砕したパウダーは、溶けることがないので、だしパックに入れてエキスだけを利用します。

ドライポルチーニ

比較的戻しやすいきのこです。トリュフや松茸よりも早い時間で戻るので、様子を見て、柔らかくなったら取り出して、水気を切ります。

ドライ松茸

独特な食感を味わいたいときには、完全に戻しきらず、断面の中心に一筋、戻し残りが見えるくらいにします。

ドライトリュフ

スライス状態で固く乾燥しているので、柔らかくなるまでじっくりと戻します。

ドライきのこを上手に使う方法

ドライきのこの保存法

直射日光など光を避け、冷暗所での保存が基本です。開封後は密閉瓶や密封容器などに入れ、湿気が入らないように注意して保存します。乾燥剤を入れるのもおすすめ。

戻したきのこを保存するときは

戻し汁ときのこを分けて冷蔵庫や冷凍庫で保存できます。冷蔵で2、3日、冷凍で約1ヵ月保存することが可能ですが、いずれの場合も早めに使うことをおすすめします。

戻し汁も無駄なく使って

うま味や栄養も溶け込んだ戻し汁は、言わばきのこのだしです。そのまま料理のだしとして使ったり、鍋で半量くらいまで煮詰めてから市販のフォンドボーなどを加え、より濃厚なソースに仕立てたりすることもできます。

だしをとった後は佃煮に

P26で松茸酒を紹介していますが、酒に浸した後の松茸と昆布を煮ると、シャキッとした食感のちょっと高級な佃煮が出来上がります。

材料（作りやすい分量）
松茸茶碗蒸しで
　だしをとった昆布（P26参照）
松茸酒で残った松茸（P26参照）
調味料
- しょうゆ…大さじ1
- みりん…小さじ1
- 酒…小さじ1
- 砂糖…小さじ1/2

作り方

1. 昆布は千切り、松茸は細切りにする。
2. 小鍋に *1* と調味料を入れて火にかけ、沸騰したら弱火にして水分がほとんどなくなるまで煮る。

chapter

1

風味を楽しむ しあわせきのこレシピ

トリュフバターのステーキ

バターにトリュフのほのかな香りとうま味をプラス。
焼きたてのステーキにおいしさが溶け出します。

材料（2人分）
牛肉ステーキ用（好みの部位）
…約100gのもの2枚
塩、こしょう…各適量
牛脂…適量
グリーンアスパラガス…8本
バター…適量
トリュフバター（下記参照）
…約大さじ1

作り方
1. 牛肉は常温に戻し、肉の脂部分や筋に包丁で切り込みを入れる。
2. 焼く直前に表面に塩、こしょうをし、熱したフライパンに牛脂を溶かし、牛肉を入れ強火で焼き色がつくまで1、2分焼く。
3. 返したら1分ほど焼いて取り出し、アルミホイルにくるんで2、3分ほど温かい場所におき、予熱で火を通す。中まで火を通したい場合は返したときに弱火で2、3分ほど焼いてアルミホイルにくるむ。
4. アスパラガスの根元の固い部分を1～2cm切り落とす。フライパンにバターを入れて中火で炒め、鮮やかな色になったら　塩、こしょうで味付けする。
5. 3をもう一度、温める感じで中火で軽く火を通して皿に盛り、トリュフバターをのせ、アスパラガスを添える。（写真は1人分）

トリュフバターの作り方

材料（作りやすい分量）
ドライトリュフ…5g
バター（有塩）…80g

作り方
1. ドライトリュフを戻し（戻し方はP8参照）、水気を切って細かく刻む。
2. 室温に戻したバターと混ぜ合わせ、筒状に整えてラップで包み、冷蔵庫で冷やし固める。

（保存期間は冷蔵庫で約7日）

トリュフバターのトースト

焼きたてのトーストに広がるバターの香り、
さらにトリュフの風味もプラスされてごきげんな気分に！

材料（食パン1枚分）

食パン（6枚切り）…1枚

トリュフバター（P12参照）
…約大さじ1

作り方

1. 食パンをオーブントースターなどで焼く。
2. 熱々のうちにトリュフバターをのせ、全体に塗る。

トリュフバターのごはんのせ

truffle

バターが溶けると細かく刻んだトリュフが現れて……。
禁断の味、バターごはんがさらにスペシャルな味わいに！

材料（１膳分）
炊き立てごはん…1膳分
トリュフバター（P12参照）
…約大さじ1
トリュフしょうゆ（P27参照）
…好みで

作り方
1. ごはんを茶碗に盛り、トリュフバターをのせる。
2. 好みでトリュフしょうゆをかけ、混ぜながらいただく。

トリュフのほのかな風味に箸が進みますよ。

トリュフツナのパスタ

ワンランクアップのトリュフツナは、そのオイルも使うことで
パスタをよりおいしく仕上げてくれます。

材料（2人分）

パスタ（1.6mm）…160g
トリュフツナ（下記参照）…70g
トリュフツナのオイル…大さじ2
にんにく（薄切り）…1片分
なす（角切り）…1本分
ケッパー…大さじ1
塩、こしょう…各適量
オリーブオイル…大さじ1
フェンネル（飾り用）…適量

作り方

1. パスタは塩分1%のお湯で少し固めにゆでて、ざるに上げる。ゆで汁（70ml）はとっておく。
2. フライパンにトリュフツナのオイルとにんにくを入れて火にかけ、香りが立ったらなすを入れしんなりするまで炒める。
3. ツナをほぐしいれて炒め合わせる。1のゆで汁を加える。
4. 沸騰したらケッパーとパスタを入れ、よく混ぜ合わせて塩、こしょうで調味する。皿に盛り、香りづけにオリーブオイルを回しかけ、フェンネルを散らす。（写真は1人分）

トリュフツナの作り方

材料（仕上がり約330g）

マグロの柵…250g
塩…小さじ1/2（マグロの1%）
ドライトリュフ…3g
にんにく（半分に切って潰す）…1片分
とうがらし…1本
ローリエ…1枚
油…約80ml

作り方

1. マグロの柵は3～4等分し、塩をまぶして30分ほど冷蔵庫でおく。水気をしっかりとキッチンペーパーなどで押さえてとる。
2. ドライトリュフを戻し（戻し方はP8参照）、水気を切る。
3. 鍋に1を入れ、にんにく、2のトリュフ、とうがらし、ローリエを入れ、油をひたひたになるくらい注ぎ、弱火にかける。沸々としてきたらマグロを裏返し5分ほど煮て火を止める。容器に入れて粗熱をとってから冷蔵庫で保存する。

（保存期間は冷蔵庫で約4～5日）

トリュフツナのサラダ

truffle

自家製のトリュフツナは食べ応えも十分！
ゴロッとした食感でご馳走サラダの出来上がり！

材料（2人分）

トリュフツナ（P16参照）…70g
ドレッシング
　玉ねぎ（みじん切り）…1/8個分
　トリュフツナのオイル…大さじ1
　ワインビネガー…大さじ1弱
　塩…小さじ1/4
　黒こしょう…適量
いんげん（ゆでて半分に切る）…6本分
ゆで卵（くし形切り）…1個分
トマト（一口大に切る）…1個分
サラダ菜…4枚
じゃがいも（ゆでて一口大に切る）…1個分

作り方

1. トリュフツナを食べやすい大きさにほぐし、トリュフ3枚をみじん切りにする。
2. ドレッシングを作る。1のトリュフのみじん切り、ドレッシングの材料をよく混ぜ合わせておく。
3. 皿に1のトリュフツナ、いんげん、ゆで卵、トマト、サラダ菜、じゃがいもを並べて2をかける。

トリュフツナのオープンサンド

truffle

これはぜひ作っていただきたいレシピ。
トリュフツナのうま味とアボカドのクリーミーさがよく合います。

材料（2人分）

トリュフツナ（P16参照）…60g
紫玉ねぎ（みじん切り）…1/8個分
アボカド（角切り）…1個分
レモン汁…小さじ2
塩、こしょう…各適量
パン（ライ麦カンパーニュなど）…2枚
オリーブオイル…適量

作り方

1. トリュフツナを食べやすい大きさにほぐし、トリュフ3枚を千切りにする。
2. ボウルに1と紫玉ねぎ、アボカド、レモン汁、塩、こしょうを合わせ、パンの上に半分ずつのせ、上からオリーブオイルをかける。

トリュフツナは口当たりもまろやかで美味！

ポルチーニクリームソースのオムレツ

ポルチーニの香りと風味がたまりません！
2人分ですが、1人でペロリと食べてしまいそう。

材料（2人分）
卵…4個
塩…少々
バター…15g
ポルチーニクリームソース
（下記参照）…適量
イタリアンパセリ（飾り用）
…適量

作り方
1. ボウルに卵を割り入れ、塩を加えてよく溶く。一度裏漉しするときれいなオムレツに仕上がる。
2. 中火で熱したフライパンにバター半量を入れて1の半量を入れ、固まらないようにゴムベラなどでよく混ぜながら細かい半熟状のスクランブルエッグを作り、折りたたむようにオムレツの形に成形する。残りも同様に焼く。
3. 皿にのせ、ポルチーニクリームソースをかけ、イタリアンパセリを飾る。（写真は1人分）

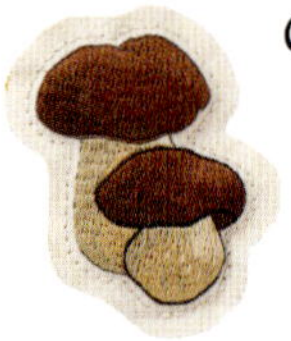

porcini

ポルチーニクリームソースの作り方

材料（仕上がり約350ml）
ドライポルチーニ…5g
オリーブオイル
…大さじ1
玉ねぎ（薄切り）
…1/2個分
マッシュルーム（薄切り）
…5個分
バター…大さじ2
薄力粉…大さじ1
白ワイン…大さじ1
牛乳…100ml
塩、こしょう…各適量

作り方
1. ドライポルチーニを戻し（戻し方はP8参照、戻し用の水や湯は100ml）、水気を切って細切りにする。戻し汁はとっておく。
2. フライパンにオリーブオイルを入れ、中火で玉ねぎを炒め、しんなりしたらマッシュルームを加えて炒め、1のポルチーニを足して軽く炒める。
3. 弱火にして2にバターを入れて混ぜ合わせ、薄力粉を茶漉しなどでふるい入れ、まんべんなく混ぜたら、白ワインを加えて混ぜ、牛乳を3回くらいに分け入れて、混ぜ合わせる。
4. 1の戻し汁を加えて混ぜ合わせ、とろみがついたら、塩、こしょうで味を調える。（保存期間は冷蔵庫で約3日）

このソースを覚えておけばあなたも料理上手!!

ポルチーニクリームソースのチキンソテー

シンプルなチキンソテーがたちまちご馳走に。
パンにもごはんにもよく合います。

材料（2人分）

鶏もも肉…1枚（約250g）
オリーブオイル…大さじ1
ポルチーニクリームソース（P20参照）
…約100ml
タイム（飾り用）…2本

作り方

1. 鶏もも肉は皮目を下にして包丁などで切れ込みを満遍なく入れ、半分に切る。
2. 熱したフライパンにオリーブオイルを入れ、中火で鶏もも肉の皮目を下にして焼き目がしっかりつくまで焼く。
3. 反対に返しポルチーニクリームソースを入れて弱火で約5分煮込み、皿に盛り付けタイムを飾る。（写真は1人分）

porcini

ポルチーニクリームソースのポタージュ

ポルチーニクリームソースを牛乳で伸ばすだけで
口当たりまろやかな絶品スープの出来上がり！

材料（2人分）

ポルチーニクリームソース
（P20参照）…200ml
牛乳…200ml
塩、こしょう…各適量
オリーブオイル…適量

作り方

1. ポルチーニクリームソースと牛乳を混ぜ、塩、こしょうで味を調える。
2. *1*をミキサーにかけてから鍋に移して温める。
3. 器に盛り、こしょう少々をふり、オリーブオイルを垂らす。（写真は1人分）

porcini

エリンギ＋贅沢松茸たっぷりごはん

ドライ松茸とエリンギを使うことで
松茸感満載の風味と食感を楽しめます。

材料（2人分）
ドライ松茸…5g
米…2合
エリンギ大（長さ3cmの薄切り）
…1本分
油揚げ（細い千切り）…1枚分
しょうゆ…大さじ1と1/2
酒…大さじ1
塩…小さじ1/4
水…適量

作り方

1. ドライ松茸を戻し（戻し方はP8参照、戻し用の水や湯は100ml）、水気を切って細切りにする。戻し汁はとっておく。
2. 研いで水切りした米を土鍋に入れ、1の松茸とエリンギ、油揚げを入れる。
3. 1の戻し汁と、しょうゆ、酒、塩を混ぜ合わせ、水を加えて400mlにして2に入れ、蓋をして中火で炊く。沸騰したら弱火にし、14分炊き、火を止めて10分蒸らす。
※炊飯器の場合は、戻し汁と調味料を加えて2合の水加減にし、具材をのせて炊き込みモードで炊く。

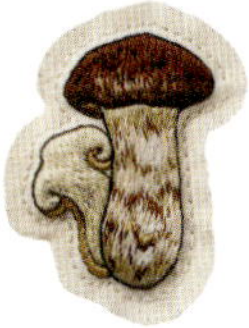

matsutake

松茸茶碗蒸しと松茸酒

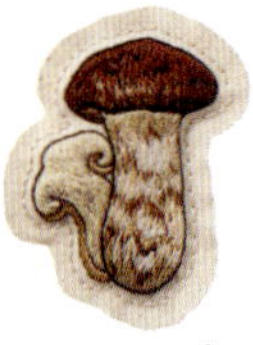

matsutake

ちょっと贅沢に大ぶりのドライ松茸を入れた茶碗蒸しと
松茸酒のダブル松茸で、晩酌はいかがでしょうか？

材料（2人分）
ドライ松茸…5g
昆布…5cm
卵…1個
しょうゆ…小さじ1
塩…少々
かまぼこ…2枚
三つ葉（3cm長さに切る）
…適量

作り方

1. ドライ松茸を戻し（戻し方はP8参照、戻し用の水や湯は100ml）、水気を切り、食べやすい大きさに切っておく。戻し汁はとっておく。
2. 昆布を200mlの水に浸け、中火にかけて沸騰直前で取り出し、だしをとる。
3. 1の戻し汁に2のだしを足して200mlにする。卵としょうゆ、塩を加えて溶き合わせる。
4. 器に3を分け入れ、1の松茸とかまぼこ、三つ葉の茎を加えて湯気のたった蒸し器で20分ほど加熱し、三つ葉の葉を飾る。

●松茸酒の材料と作り方
ちろりに日本酒1合とドライ松茸1枚（戻さずにそのまま）を入れ45℃くらいに温める。

きのこで
本物調味料

ドライきのこを使えば
香料や添加物の入っていない
安心で身体にやさしいスペシャル調味料が
簡単に手作りできます。
TKG（卵かけごはん）や目玉焼きなどにかけ、
本物の自然な味わいを楽しめます。

トリュフ塩

塩とトリュフパウダーを1：2の割合で混ぜ合わせる。

目玉焼きにふりかけて

トリュフしょうゆ

ドライトリュフ3gをしょうゆ100mlに約3日漬ける。

トリュフを刻んでしょうゆとともにTKGにかけて

トリュフオイル

ドライトリュフ3枚を油（太白ごま油か米油）100mlに約3日漬ける。

トリュフを刻んでオイルとともにサラダにかけて

松茸塩オイル

塩、松茸パウダー、油を1：2：6の割合で混ぜ合わせる。

おむすびに塗り、こんがりと焼いて

きのこで本物調味料

まだまだできます！

しょうゆやはちみつに漬けたものは冷蔵庫で保存し、2週間を目安に、オイルに漬けたものは冷暗所で保存し、約1ヶ月を目安に使い切るようにします。その他のものも風味を味わうために、早めに使うことをおすすめ。

ポルチーニ塩

塩とポルチーニパウダーを1：2の割合で混ぜ合わせる。

ポルチーニしょうゆ

ドライポルチーニ3gをしょうゆ100mlに約3日漬ける。

トリュフはちみつ

ドライトリュフ5gをはちみつ100gに約3日漬ける。

トリュフ割下

（P30参照）

すき焼きの割下に使って

パンケーキにかけて

煮込みハンバーグのソースに加えて

カリッと揚げた、皮つきのポテトフライにかけて

chapter

2

おかず

トリュフすき焼き

truffle

風味豊かな自家製トリュフ割下を使うと、
深みのある味が加わっていつものすき焼きが進化！

材料（2人分）
牛肉（すき焼き用）…200～300g
牛脂…適量
玉ねぎ（1.5cm幅の半月切り）…1/2個分
トリュフ割下（下記参照）…適量
卵…2個（好みで）
春菊（5cm長さに切る）…50g
結びしらたき（下ゆでする）…100g
椎茸（軸を落として半分に切る）…4個分
えのき（石突きをとって半分に切る）…1/2パック分
焼き豆腐（食べやすい大きさに切る）…1丁分

作り方
1. 鍋に牛脂を入れて中火にかけ、溶け出したら玉ねぎを焼き、次に牛肉（適量）をさっと焼き、色づいてきたらトリュフ割下を少し入れて軽く混ぜ、好みで溶き卵をつけていただく。
2. 残りの肉を全部さっと焼いてはじに寄せ、残りの具材をすべて入れ、割下のトリュフ4～5枚と割下を適量入れて煮えたら好みで溶き卵をつけていただく。

トリュフ割下の作り方

材料（作りやすい分量）
ドライトリュフ…5g
酒、みりん、しょうゆ
…各100ml
砂糖…15g

作り方
1. 鍋にドライトリュフ、酒とみりんを入れ、強火にかけ、アルコールを飛ばして火を止める。
2. しょうゆ、砂糖を入れて、中火にかけ、砂糖が溶けたら出来上がり。（保存期間は冷蔵庫で約7日）

ポルチーニのフリッタータ

ポルチーニの香りが食欲をそそるイタリア風卵焼き。
熱々でも冷めてもおいしく、サンドイッチに挟むのもおすすめ。

材料（20cmのフライパン1個分）

ドライポルチーニ…5g
オリーブオイル…大さじ3
ベーコン（細切り）…60g
玉ねぎ（みじん切り）…1/2個分
まいたけ（石突きをとってざく切り）
…1パック分
塩、こしょう…各適量
卵（溶く）…4個分
シュレッドチーズ…30g

作り方

1. ドライポルチーニを戻し（戻し方はP8参照、戻し用の水や湯は70ml）、水気を切って細切りにする。戻し汁はとっておく。
2. 熱したフライパンにオリーブオイル大さじ1を入れ、ベーコンを炒め、少し焼き色がついたら玉ねぎを加えて炒める。しんなりしたら、1のポルチーニとまいたけを入れて炒め合わせ、塩、こしょうをして粗熱をとる。
3. ボウルに卵と1の戻し汁を入れて混ぜ合わせ、2とシュレッドチーズを加えて混ぜる。
4. 2のフライパンを一度きれいにし再度オリーブオイル大さじ2を入れ、3を流し入れてゆるいスクランブルエッグを作ったらそのまま弱火で蓋をして3分ほど焼く。
5. 周りをゴムベラなどでぐるりとはがし、焦げ目がついて返せるようになったら裏返しにして3分ほど焼く。

porcini

ポルチーニとブロッコリーと白インゲン豆のくたくた煮

野菜と豆にポルチーニをプラスするだけで
風味豊かなおかずに変身。カリフラワーもおすすめです。

材料（2人分）

ドライポルチーニ…5g
にんにく（みじん切り）…1片分
とうがらし…1本
オリーブオイル…大さじ1
玉ねぎ（みじん切り）
…1/4 個分
ブロッコリー（一口大に切る）
…1/2個分
白インゲン豆の水煮
…1缶（230g）
バター…大さじ1
塩、こしょう…各適量

作り方

1. ドライポルチーニを戻し（戻し方はP8参照、戻し用の水や湯は70ml）、水気を切ってみじん切りにする。戻し汁はとっておく。
2. 鍋ににんにくととうがらし、オリーブオイルを入れて中火にかけ、香りが立ったら1のポルチーニと玉ねぎを加え、玉ねぎがしんなりするまで炒める。
3. 2にブロッコリーを入れて2分ほど炒め、1の戻し汁と水合わせて100mlを入れ、蓋をして弱火で5分ほど煮る。
4. 蓋を開け白インゲン豆を入れて混ぜ合わせ、バターを加え、塩、こしょうで味を調え、とうがらしを取りのぞいて皿に盛る。

porcini

ポルチーニの煮込みハンバーグ

自家製のポルチーニしょうゆで味付けすると
いつものハンバーグがコクのあるおいしさに。

材料（2人分）
合い挽き肉…300g
にんにく（みじん切り）…1片分
油…大さじ2
玉ねぎ（みじん切り）…1/4個分
じゃがいも（すりおろす）
…1個分（約60g）
ポルチーニパウダー…小さじ2
塩…小さじ1/4
黒こしょう…適量
えのき（石突きをとって5cmに切る）
…100g
しめじ（石突きをとって小分けにする）
…100g
ポルチーニしょうゆ（P28参照）
…大さじ2
みりん…大さじ1
片栗粉…小さじ1

作り方
1. フライパンににんにくと油大さじ1を入れて中火にかけ、香りが立ったら玉ねぎを入れて色づくまで炒め、粗熱をとる。
2. ボウルに合い挽き肉、じゃがいも、ポルチーニパウダー、1を入れ、塩、黒こしょうをして粘りが出るまでよく混ぜ合わせ、2等分にして丸くまとめる。
3. 熱したフライパンに油大さじ1を入れて2を焦げ目がつくまで中火で焼き、反対に返して2分ほど焼いて一度取り出す。
4. 3のフライパンでえのき、しめじを炒めたら水150ml、ポルチーニしょうゆ、みりんを入れてハンバーグを戻し、蓋をして5分ほど弱火で煮込んだら、片栗粉を同量の水で溶いて加え、とろみをつける。（写真は1人分）

porcini

かけたり混ぜたり
パウダーは
手軽に使えます。

トリュフソースハンバーグ

truffle

濃厚な味わいのソースがハンバーグのおいしさを引き立てます。

材料（2人分）

トリュフソース

- ドライトリュフ…5g
- 赤ワイン、ブランデー…各100ml
- フォンドボー（缶詰など）…100ml
- はちみつ〔トリュフはちみつ（P28参照）でも〕…大さじ1
- バター…100g

塩、黒こしょう…各適量

牛ひき肉…300g

にんにく（みじん切り）…1片分

オリーブオイル…大さじ2

玉ねぎ（みじん切り）…1/4個分

卵…1個

ナツメグ…小さじ1/2

クレソン（飾り用）…適量

作り方

1. ドライトリュフを戻し（戻し方はP8参照）、水気を切ってみじん切りにする。小鍋にトリュフソースの材料を全て入れ、中火でとろみがつくまで鍋底を木べらなどでこそげながら煮詰め、塩少々で味を調える。
2. フライパンでにんにくとオリーブオイル大さじ1を中火で熱し、玉ねぎを色づくまで炒めて取り出し、粗熱をとる。
3. ボウルに牛ひき肉と 2 、卵、塩小さじ1/2、黒こしょう少々、ナツメグを加え、練るように混ぜ、2等分して小判形にする。フライパンにオリーブオイル大さじ1を熱し、焦げ目がつくまで中火で焼き、裏返して3分ほど焼く。押してみて透明な肉汁が出てくればOK。
4. 皿に盛り 1 をかけ、クレソンを添える。

白身魚のきのこソース

白身魚ととっても相性がよいソースは
ドライまいたけの食感でおいしさも一段とアップ。

maitake

材料（2人分）

ドライまいたけ…10g
かじき…2切れ
塩、こしょう…各適量
薄力粉…適量
オリーブオイル…適量
玉ねぎ（みじん切り）…1/8個分
トマト（ざく切り）…小1個分
ディル（飾り用）…適量

作り方

1. ドライまいたけを戻し（戻し方はP8参照、戻し用の水や湯は100ml）、水気を切って食べやすい大きさに切る。戻し汁はとっておく。
2. かじきは塩、こしょうをし、薄力粉を軽くまぶす。
3. 熱したフライパンにオリーブオイルを入れ、かじきを中火で両面を焼いて皿に盛り付ける。
4. 同じフライパンに玉ねぎを入れて炒め、色づいたら1のまいたけを入れて炒め、トマトを入れて炒めたら、1の戻し汁を入れる。塩、こしょうで味を調える。
5. 4を3のかじきに添えてディルを飾る。

ポルチーニオイル漬けで ナッツサラダとブルスケッタ

porcini

ドライポルチーニのオイル漬けを作っておけば、
パンにのせたり、サラダやパスタにして楽しめます。

ナッツサラダ

材料（2人分）
ポルチーニオイル漬け（オイルごと、下記参照）…約80g
バルサミコ…大さじ1
カシューナッツ（粗く刻む）…30g
ケール（一口大にちぎる）…3枚分
塩、こしょう…各適量

作り方
ポルチーニオイル漬けとバルサミコを混ぜ合わせる。カシューナッツ、ケールを加えて和える。塩、こしょうで味を調える。

ブルスケッタ

作り方
薄切りにしたバゲットにポルチーニオイル漬けをのせる。

ポルチーニオイル漬けの作り方

材料（仕上がり約340g）
ドライポルチーニ…5g
マッシュルーム（薄切り）…5個分
まいたけ（石突きをとって小房に分ける）…1パック分
塩…小さじ1
油（米油または太白ごま油をおすすめ）…約200ml
とうがらし…1本
にんにく（潰す）…1片分

作り方
1. ドライポルチーニを戻し（戻し方はP8参照）、水気を切って食べやすい大きさに切り、ボウルに入れる。マッシュルームとまいたけを加え、塩を入れて混ぜる。
2. 小鍋に油ととうがらし、にんにく、1を入れ、中火にかける。気泡が出てきたら弱火にし、きのこがしんなりとするまで加熱する。粗熱がとれたら密閉瓶などに入れ、オイルできのこがかぶるようにして保存する。（保存期間は冷蔵庫で約4日）

ポルチーニ餃子

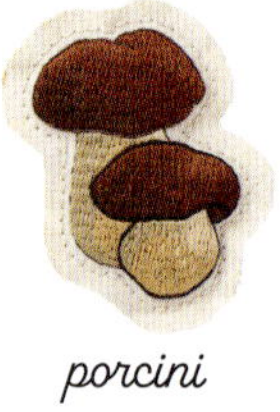

ぜひ味わってほしい、ポルチーニ風味いっぱいの餃子は、
いつもの餃子にはない、格別のおいしさです。

材料（20個分）

ドライポルチーニ…5g
豚ひき肉…250g
キャベツ（みじん切りにし塩少々でもんでしっかりと水気を切る）…150g
にんにく（すりおろし）…1片分
酒…小さじ1
しょうゆ…小さじ1
片栗粉…小さじ1
ごま…大さじ1
ごま油…大さじ1
こしょう…適量
餃子の皮…20枚

作り方

1. ドライポルチーニを戻し（戻し方はP8参照、戻し用の水や湯は100ml）、水気を切ってみじん切りにする。戻し汁はとっておく。
2. ボウルに1のポルチーニと豚ひき肉、キャベツ、にんにく、1の戻し汁50ml、酒、しょうゆ、片栗粉、ごま、ごま油、こしょうを入れてよく混ぜ合わせる。
3. 2を20等分して餃子の皮で包み、熱したフライパンにごま油（分量外）をひいて餃子を並べ、水100mlを入れて蓋をする。5分ほど焼いたら蓋を開け、水気を飛ばして皮目がパリッとするまで焼く。

トリュフ焼売《しゅうまい》

truffle

トリュフが顔をのぞかせるキュートな焼売は、
蒸しあがって蓋を開けた時に歓声が上がります。

材料（30個分）
ドライトリュフ…5g
豚ひき肉…120g
玉ねぎ（みじん切り）…100g
片栗粉…大さじ1
シュウマイの皮…30枚

作り方

1. ドライトリュフを戻し（戻し方はP8参照）、水気を切って、3枚は飾り用に小さめの角切り（30個分）にし、残りはみじん切りにする。
2. ボウルに玉ねぎを入れ片栗粉をまぶす。豚ひき肉、1 のみじん切りのトリュフを加え、よく混ぜ合わせる。
3. 2 を30等分してシュウマイの皮で包み、飾り用のトリュフをのせ、湯気のあがったせいろに入れて10分ほど蒸す。

まいたけとなすと オクラの中華和え

まいたけのシャキシャキした食感と、なすとオクラのとろりとした
口当たりがベストマッチ。さっぱりと食べられます。

maitake

材料（2人分）

ドライまいたけ…10g
しょうゆ…大さじ1と1/2
酢…大さじ1
砂糖…大さじ1
とうがらし…1本
ごま油…適量
オクラ（塩で板ずりしておく）…8本
なす（縦に半分に切って切り込みを入れ半分の長さに切る）…2本分

作り方

1. ドライまいたけを戻し（戻し方はP8参照、戻し用の水や湯は100ml）、水気を切り、食べやすい大きさに切っておく。戻し汁はとっておく。
2. 耐熱ボウルにしょうゆ、酢、1の戻し汁50ml、砂糖、とうがらしを入れ、500Wの電子レンジで1分ほど加熱してよく溶かす。
3. フライパンに多めのごま油を入れて、オクラ、なす、1のまいたけを揚げ焼きする。
4. 3に2を入れよく和えて15分ほどなじませてからいただく。冷やしてもおいしい。

トリュフパウダーの黒唐揚げ

truffle

トリュフパウダーをまぶせばいつもの唐揚げが深みのある味になってゴージャスなおかずに！

材料（2人分）
鶏もも肉…2枚
トリュフパウダー…小さじ3
しょうゆ…大さじ1と1/2
みりん…大さじ1
にんにく（すりおろし）…1片分
薄力粉…大さじ5
片栗粉…大さじ5
揚げ油…適量

作り方
1. 鶏もも肉を食べやすい大きさに切り、トリュフパウダー小さじ2、しょうゆ、みりん、にんにくを入れてよく揉み込み、30分ほどなじませる。
2. 1に薄力粉と片栗粉を合わせたものをまぶし、フライパンに2cmほどの揚げ油を入れて、170℃で3～4分揚げていったん取り出し、5分ほどおいて余熱で火を通し、もう一度からりと揚げる。仕上げにトリュフパウダー小さじ1を全体にまぶす。

松茸おから

おからなのにおからじゃない、これは絶対に作ってほしい一品。
また作ってと言われる松茸のご馳走です。

matsutake

材料（2人分）

ドライ松茸…5g
油…大さじ3
しらたき（下ゆでし食べやすい大きさに切る）…75g
エリンギ（4cmほどの長さの千切り）…大1本分
おから…150g
だし…100ml
しょうゆ…大さじ1
みりん…大さじ1
砂糖…小さじ1/2

作り方

1. ドライ松茸を戻し（戻し方はP8参照、戻し用の水や湯は100ml）、水気を切り、約4cmの千切りにする。戻し汁はとっておく。
2. 熱した鍋に油を入れて、しらたきを炒め、水分が飛んだらエリンギを加え、しんなりするまで炒める。
3. 2に1の松茸を加えて炒め合わせ、おからを入れて混ぜ合わせる。
4. 3に1の戻し汁、だし、しょうゆ、みりん、砂糖を入れて5分ほど中火で混ぜながら加熱する。（写真は1人分）

松茸つゆの揚げ出し豆腐

松茸が入るだけで揚げ出し豆腐も高級感いっぱいに。
松茸の風味がしみ出たつゆの味が違います。

matsutake

材料（2人分）

ドライ松茸…5g
木綿豆腐…1丁
片栗粉…適量
揚げ油…適量
だし…200ml
しょうゆ…大さじ1
みりん…大さじ1
塩…少々
三つ葉（飾り用）…適量

作り方

1. ドライ松茸を戻し（戻し方はP8参照、戻し用の水や湯は100ml）、水気を切り、食べやすい大きさに切る。戻し汁はとっておく。
2. 豆腐は水気を切り、半分に切る。キッチンペーパーの上に10分ほどおく（途中で上下を返す）。
3. 2に片栗粉をまぶし、180℃に熱した少し多めの揚げ油で軽く色づくまで揚げる。
4. だし、しょうゆ、みりん、塩、1の松茸と戻し汁を鍋に入れ、中火で温める。
5. 3を器に入れて4をかけ、三つ葉を飾る。（写真は1人分）

まいたけナムル

まいたけの歯応えのある食感と豆もやしの相性は抜群。
豆もやしがなければ普通のもやしでもおいしいですよ。

材料（2人分）
ドライまいたけ…10g
豆もやし（ひげは取る）…1袋
しょうゆ…大さじ1と1/2
酢…大さじ1
砂糖…大さじ1/2
ごま油…大さじ1

作り方
1. ドライまいたけを戻し（戻し方はP8参照）、水気を切り、食べやすい大きさに切る。
2. 沸騰したお湯で1のまいたけ、豆もやしをそれぞれゆで、しっかりと水気を切る。
3. ボウルにしょうゆ、酢、砂糖を入れ、よく混ぜ合わせ、2を入れて和える。
4. 3にごま油を回しかけてさらに和える。
（写真は1人分）

maitake

松茸春巻き

matsutake

パリッとした春巻きの中には、思いもかけぬ
松茸の香りをまとったふんわりとした白身魚が……。

材料（10個分）

ドライ松茸…5g
タラなどの白身魚（骨をとる）…3切れ
春巻きの皮（ミニ）…10枚
大葉（縦半分に切る）…5枚
揚げ油…適量
かぼす、すだちなど…適量
塩…適量

作り方

1. ドライ松茸を戻し（戻し方はP8参照）、水気を切って千切りにする。
2. 白身魚を10等分（それぞれ3～4等分）する。春巻きの皮に10等分した1の松茸、白身魚、大葉を1枚ずつのせて小麦粉を水で溶いたもの（分量外）を皮のへりにつけて巻く。
3. 180℃の揚げ油でカラリと揚げ、皿に盛ってかぼす、すだちなどを添える。好みで塩をふる。（写真は1人分）

ポルチーニとドライいちじくの白和え

和食のイメージの強い白和えが
日本酒でもワインでもどちらにも相性のよいおつまみに。

材料（2人分）
ドライポルチーニ…5g
木綿豆腐（しっかりと水切りをする）
…1/2丁
ドライいちじく（小さく切る）
…2個分
パセリ（みじん切り）…1本分
ミックスナッツ（アーモンド、
カシューナッツ、くるみなど。
粗く刻む）…30g
塩、こしょう…各適量
オリーブオイル…大さじ1と1/2

作り方

1. ドライポルチーニを戻し（戻し方はP8参照）、水気を切って粗みじん切りにする。
2. ボウルに木綿豆腐を入れフォークなどで粗くほぐす。1のポルチーニ、ドライいちじく、パセリ、ミックスナッツを入れて混ぜ合わせる。
3. 塩、こしょうで味を調え、オリーブオイルを入れて混ぜ合わせる。

porcini

トリュフじゃがいもガレット

truffle

ドライトリュフさえあれば、じゃがいもがご馳走に！
いも好きにはたまりません。

材料（2人分）

ドライトリュフ…5g
じゃがいも（皮をむいて千切り）…2個分
片栗粉…小さじ1
オリーブオイル…大さじ2
塩、こしょう…各適量

作り方

1. ドライトリュフを戻し（戻し方はP8参照、戻し用の水や湯は50ml）、水気を切って千切りにする。戻し汁はとっておく。
2. じゃがいもに1の戻し汁と片栗粉を加えてよく混ぜ、1のトリュフを入れて混ぜ合わせる。
3. 熱したフライパンにオリーブオイルを入れ、2を入れて丸く平らに広げ、下の面がカリッと焼けたら裏返してもう片面も焼き、塩、こしょうで味を調える。

ポルチーニ風味のカリカリ油揚げ

ポルチーニの香りをまとった
サックサクの油揚げは
おつまみにピッタリ。
リピート間違いなしです！

材料（2人分）
油揚げ（約7mmの細切り）
…3枚分
揚げ油…適量
ポルチーニ塩（P28参照）
…小さじ1

作り方
1. 油揚げは160℃の揚げ油でカリッとするまで揚げる。
2. 熱々の1にポルチーニ塩をまぶす。（写真は1人分）

トリュフ風味のコーンバター

材料（2人分）
とうもろこし缶詰
（水気を切っておく）…1缶（150g）
バター…20g
トリュフパウダー…小さじ1
塩…適量

作り方
熱したフライパンにバターを入れて溶かし、とうもろこしを入れて炒め、トリュフパウダーと塩を入れて炒め合わせる。

もう一品欲しいときに
手軽に作れるコーンバターが
一気にラグジュアリーな味わいに！

chapter

3

ごはん

松茸牛丼

matsutake

松茸の風味を存分に楽しめるように
甘さ控えめ、軽めの味付けに仕上げました。

材料（2人分）

ドライ松茸…5g
油…適量
牛切り落とし肉…150g
玉ねぎ（薄切り）… 1/4個分
エリンギ（縦に薄切り）…中1本分
しらたき（下ゆでして
　食べやすい大きさに切る）…50g
砂糖…大さじ1と1/2
酒…大さじ2
みりん…大さじ1と1/2
しょうゆ…大さじ1と1/2
ごはん…2膳分
紅しょうが…適量

作り方

1. ドライ松茸を戻し（戻し方はP8参照、戻し用の水や湯は100ml）、水気を切っておく。戻し汁はとっておく。
2. フライパンに油をひき、牛肉をさっと炒めたら一度取り出し、玉ねぎを炒めしんなりしたらエリンギ、しらたきを入れて炒め合わせる。
3. 1の戻し汁と水を合わせて200mlにして加え、1の松茸、2の肉、砂糖、酒、みりん、しょうゆを入れ5分ほど中火で煮込む。
4. 茶碗にごはんを盛り、3をそれぞれかけ、紅しょうがをあしらう。（写真は1人分）

松茸プラスで
うま味も加わり
見た目もご馳走に！

ドライ松茸お稲荷さん

風味豊かな松茸の戻し汁で炊いたごはんに
刻み松茸もたっぷり、スペシャルな日におすすめです。

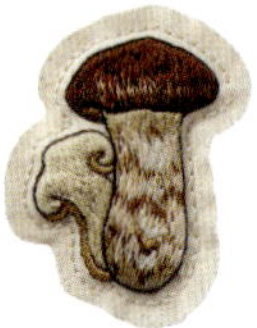

matsutake

材料（8個分）

ドライ松茸…5g
油揚げ…4枚
昆布だし…300ml
しょうゆ…大さじ1
砂糖…大さじ1
酒…大さじ1
米… 1合
合わせ酢（混ぜておく）
　酢…大さじ1/2
　塩…小さじ1/2
　砂糖…小さじ2
きぬさや（飾り用、ゆでる）…2枚

作り方

1. ドライ松茸を戻し（戻し方はP8参照、戻し用の水や湯は100ml）、みじん切りにする。戻し汁はとっておく。
2. 油揚げは麺棒などを表面に転がして開きやすくし、半分に切り袋状にする。
3. 鍋に 2 を入れ、昆布だしとしょうゆ、砂糖、酒を加え、落とし蓋をして弱火で10分ほど煮る。
4. 米を研ぎ、1 の戻し汁と水を合わせて炊飯器に入れ、寿司飯の水加減で炊く。
5. 炊き上がったごはんに合わせ酢を入れ、うちわなどであおぎながら、さっくりと混ぜ、1 の松茸を混ぜ合わせる。
6. 5 を8等分にし、3 に詰める。きぬさやを半分に切って飾る。

トリュフ、生ハム、マッシュルームのちらし寿司

ホームパーティにぴったり！
たっぷりと散らしたトリュフに歓声が上がります。

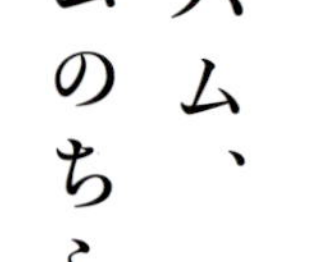

truffle

材料（2人分）

ドライトリュフ…5g
米…2合
合わせ酢（混ぜておく）
　ワインビネガー…大さじ3
　塩…小さじ1
　砂糖…大さじ1と1/2
　粗挽き黒こしょう…小さじ1/2
　オリーブオイル…大さじ2
生ハム…約200g
パルメザンチーズ
　（固形を刻む）…適量
マッシュルーム（薄切り）…4個分

作り方

1. ドライトリュフを戻し（戻し方はP8参照、戻し用の水や湯は100ml）、水気を切って千切りにする。戻し汁はとっておく。
2. 米を研ぎ、1 の戻し汁と水を合わせて炊飯器に入れ、寿司飯の水加減で炊く。
3. 炊き上がったごはんに合わせ酢を入れ、うちわなどであおぎながらさっくりと混ぜて粗熱をとる。
4. 3 を器に盛り、生ハムを並べ、パルメザンチーズ、マッシュルーム、1 のトリュフを散らし、粗挽き黒こしょう（分量外）をかける。お好みでケッパー（分量外）を散らしても。

ポルチーニのハッシュドビーフ

porcini

ポルチーニの戻し汁も加えて煮込むことで風味が増し、
一段とコク深いハッシュドビーフに変わります。

材料（2人分）

ドライポルチーニ…5g
オリーブオイル…適量
牛薄切り肉…200g
バター…大さじ3
玉ねぎ（くし形切り）…1/2個分
にんにく（薄切り）…1片分
マッシュルーム（薄切り）
…6個分
薄力粉…大さじ1
赤ワイン…100ml
ローリエ…1枚
ケチャップ…大さじ1
ウスターソース…大さじ2
はちみつ…小さじ1
ビターチョコレート（あれば）
…1片（小さじ1くらい）
塩、こしょう…各少々
ごはん…2膳分
パセリ（みじん切り）…大さじ1

作り方

1. ドライポルチーニを戻し（戻し方はP8参照、戻し用の水や湯は100ml）、水気を切って食べやすい大きさに切る。戻し汁はとっておく。
2. フライパンにオリーブオイルを入れ、牛肉を炒め、色が変わったら一度取り出す。
3. 2のフライパンにバターを入れて中火で熱し、玉ねぎとにんにくを入れしんなりするまで炒めたら、2とマッシュルームを加えて炒め合わせる。
4. 3に薄力粉をふり入れ、炒め合わせたら赤ワインを少しずつ加えて混ぜ合わせ、1の戻し汁と水を合わせて300mlにしたものを入れて混ぜる。
5. ローリエを加え煮立ったらケチャップ、ウスターソース、はちみつ、あればビターチョコレートを入れ、蓋をして5分ほど弱火で煮て、塩、こしょうで味を調える。
6. ごはんにパセリを加えてよく混ぜ、皿に盛り、5をかける。

ポルチーニ中華おこわ

器から立ち上るポルチーニの香りに大満足。
干ししいたけが苦手な人にもおすすめ。

porcini

材料（2人分）

ドライポルチーニ…5g
もち米…2合
ごま油…適量
チャーシュー（さいの目に切る）
…100g
れんこん（さいの目に切る）…60g
しょうゆ…大さじ2
酒…大さじ1
砂糖…小さじ1
むき甘栗…40g
青ねぎ（小口切り）…40g

作り方

1. ドライポルチーニを戻し（戻し方はP8参照、戻し用の水や湯は100ml）、水気を切って食べやすい大きさに切る。戻し汁はとっておく。
2. もち米は研いでざるに上げておく。
3. 熱したフライパンにごま油を入れてチャーシュー、れんこんを炒めて粗熱をとる。
4. 炊飯器に2のもち米と1の戻し汁、しょうゆ、酒、砂糖を入れて2合よりも少なめの水加減にし、甘栗を加える。
5. 3を4の上にのせて炊く。炊き上がったら軽く混ぜて器に盛り、青ねぎを散らす。

トリュフ炊き込みごはん

トリュフの優しい風味がご馳走！
ベーコンとバターのコクが後を引きます。

材料（2人分）
ドライトリュフ…5g
米…2合
ベーコン（みじん切り）…3枚分
塩…小さじ1/2
バター…大さじ2

作り方
1. ドライトリュフを戻し（戻し方はP8参照、戻し用の水や湯は100ml）、水気を切って千切りにする。戻し汁はとっておく。
2. 米は研いでざるに上げ、水気を切り炊飯器に入れる。
3. 1の戻し汁と水を合わせて水加減し、1のトリュフ、ベーコン、塩を入れて炊く。
4. 炊き上がったらバターを混ぜる。（写真は1人分）

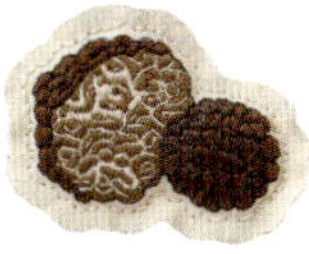

truffle

トリュフのほのかな香りとうま味がクリームソースにマッチ。
コク深く濃厚ながら、重過ぎないおいしさです。

トリュフクリームソースで オムライス

材料（2人分）

トリュフクリームソース（下記参照）…全量
卵…4個
塩…少々
ごはん…2膳分
バター…15g
イタリアンパセリ（飾り用）…適量

作り方

1. トリュフクリームソースを温めておく。ボウルに卵を割り入れ、塩を加えてよく溶く。ごはんを皿に盛る。
2. 熱したフライパンにバターを溶かして1の卵を入れ、固まらないように木べラなどでよく混ぜながら細かい半熟状のスクランブルエッグを作り、ごはんの上にかける。
3. トリュフクリームソースをかけ、イタリアンパセリを飾る。（写真は1人分）

トリュフクリームソースで ドリア

材料（2人分）

トリュフクリームソース（下記参照）…全量
オリーブオイル…適量
冷凍シーフードミックス（解凍する）…200g
白ワイン…大さじ1
ごはん…2膳分
シュレッドチーズ…40g

作り方

1. フライパンを熱しオリーブオイルを入れて冷凍シーフードミックスを炒め、白ワインとトリュフクリームソースを入れて混ぜる。
2. 耐熱容器にごはんを入れ、上に1をかけてシュレッドチーズをのせてオーブントースターなどでこんがりと焼き色がつくまで焼く。

truffle

トリュフクリームソースの作り方

材料（仕上がり約350ml）

ドライトリュフ…5g
バター…大さじ2
玉ねぎ（薄切り）…1/2個分
マッシュルーム（薄切り）…5個分
薄力粉…大さじ1
牛乳…100ml
生クリーム…大さじ2
塩…小さじ1/2弱
こしょう…適量

作り方

1. ドライトリュフを戻し（戻し方はP8参照、戻し用の水や湯は80ml）、水気を切って細かく刻む。戻し汁はとっておく。
2. 中火でフライパンにバターを溶かして玉ねぎをしんなりするまで炒める。1のトリュフとマッシュルームを入れ、炒め合わせたら弱火にし、薄力粉を茶漉しなどでふるい入れて炒め、牛乳を少しずつ入れて混ぜる。
3. 1の戻し汁を50~60ml入れ、弱火で2分ほど煮たら生クリームを加え、塩、こしょうで調味する。（保存期間は冷蔵庫で約3日）

松茸おかゆ

matsutake

松茸のうま味がおかゆに溶け出し、
心地よい食感とともに、ほっこりおいしく味わえます。

材料（2人分）
ドライ松茸…5g
米…1/2合
塩…少々
青ねぎ（斜め細切り）…適量

作り方

1. ドライ松茸を戻し（戻し方はP8参照、戻し用の水や湯は100ml）、水気を切って千切りにする。戻し汁はとっておく。
2. 米は研いでざるに上げ、土鍋や鍋に入れる。
3. 水600mlと 1 の戻し汁を加え、中火にかけ煮立ってきたら、1 の松茸を入れる。鍋底を木べらなどでそっとこするように混ぜ合わせ、少し隙間を開けて蓋をして弱火にする。
4. 30 ～ 40分ほど炊き、炊き上がったら塩で調味し、器に盛る。青ねぎと塩（粗めのもの、分量外）、しょうゆ（分量外）を添える。（写真は1人分）

松茸パウダーのチャーハン

matsutake

松茸はどこにも見えないのに、松茸の風味。
シンプルなチャーハンに贅沢感が漂います。

材料（2人分）
松茸パウダー…大さじ3
油…大さじ3
卵（溶く）…2個分
ごはん…2膳分
しょうゆ…大さじ1
塩…少々
三つ葉（刻む）…2束分

作り方
1. 熱したフライパンに油を入れ、溶き卵を入れて強火で半熟のスクランブルエッグを作ったら、ごはんを入れて炒め合わせる。
2. 松茸パウダー、しょうゆ、塩、三つ葉を混ぜ合わせる。

やまぶしたけとなすのベジタリアン蒲焼丼

やまぶしたけに煮汁が染み込んで格別のおいしさ！
肉なしなのに満足感があります。

材料（2人分）

ドライやまぶしたけ…10g
ごま油…大さじ2
なす（縦半分に切って斜めに切り込みを入れる）…1本分
エリンギ（縦半分に切って縦に切り込みを入れる）…2本分
しょうゆ…小さじ2
砂糖…大さじ1/2
みりん…大さじ1
ごはん…2膳分
しょうが（すりおろし）…1片分

作り方

1. ドライやまぶしたけを戻し（戻し方はP8参照、戻し時間は冷水3時間、ぬるま湯15分、戻し用の水や湯は100ml）、食べやすい大きさに切る。戻し汁はとっておく。
2. フライパンにごま油を熱し、なす、エリンギ、1のやまぶしたけを入れ、中火で両面を焼く。
3. 2に1の戻し汁、しょうゆ、砂糖、みりんを入れて煮立て、中火で汁気が少なくなるまで少し煮る。
4. ごはんを器に盛り、3をそれぞれ盛り付け、しょうがをのせる。（写真は1人分）

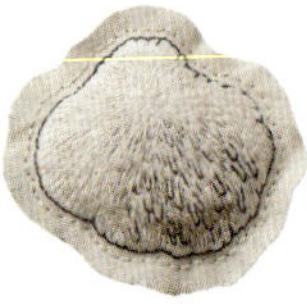

yamabushitake

chapter

4

パスタ&麺

トリュフカルボナーラ

truffle

卵と相性のよいトリュフですから
カルボナーラもより深い味わいに仕上がります。

材料（2人分）

ドライトリュフ…5g
パスタ…160g
卵…2個
パルメザンチーズ（粉）
…大さじ2
オリーブオイル…大さじ1
ベーコン（細切り）…60g
粗挽き黒こしょう…適量

作り方

1. ドライトリュフを戻し（戻し方はP8参照、戻し用の水や湯は50ml）、水気を切って千切りにする。戻し汁はとっておく。
2. パスタを固めにゆでる。ゆで汁(50ml)はとっておく。
3. ボウルに卵を入れ泡立て器でよく混ぜ、パルメザンチーズを合わせておく。
4. フライパンにオリーブオイルを入れ、ベーコンをカリカリになるまで炒めたら、1の戻し汁とトリュフ、2のゆで汁を加える。煮立ったら2のパスタを入れ、よく混ぜて火を止める。
5. 4に3を入れて、よく混ぜ合わせ、器に盛って黒こしょうをかける。（写真は1人分）

やまぶしたけラーメン

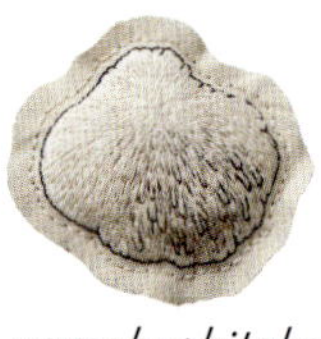

yamabushitake

チキンとナンプラーの優しいスープ味のラーメンに
やまぶしたけのシャキシャキした食感がおいしいアクセントに。

材料（2人分）

ドライやまぶしたけ…10g
鶏胸肉…1/2枚
　砂糖…小さじ1
　塩…小さじ1
ナンプラー…小さじ2
酒…大さじ1
塩、こしょう…各適量
生ラーメン…2玉
パクチー（葉の部分）…適量
ライム（薄切り）…適量

作り方

1. ドライやまぶしたけを戻し（戻し方はP8、P64参照）、水気を切って食べやすい大きさに切る。戻し汁はとっておく。
2. 鶏胸肉はフォークなどで数箇所刺して、砂糖と塩をすり込んで30分ほどおく。
3. 鍋に2を入れてかぶるくらいの水を入れて、弱火にかけて沸騰したら返し、火を止めてそのまま粗熱がとれるまでおき、取り出して薄切りにする。ゆで汁はとっておく。
4. 鍋に1の戻し汁、3のゆで汁、水を合わせて600ml入れて沸騰したら、1のやまぶしたけ、ナンプラーと酒を入れて塩、こしょうで味を調える。
5. 生ラーメンをゆでて器に分け入れ、4を注ぎ、3の鶏肉とパクチー、ライムをのせる。
（写真は1人分）

松茸春雨炒め

matsutake

松茸香る春雨はぜひバターで絡めてほしい。
バターのコクで松茸のうま味が最大限に発揮されます。

材料（2人分）
ドライ松茸…5g
ごま油…大さじ1
鶏ひき肉…100g
春雨…30g
しょうゆ…小さじ2
バター…大さじ1
こしょう…適量
青ねぎ（小口切り）…2本分

作り方
1. ドライ松茸を戻し（戻し方はP8参照、戻し用の水や湯は100ml）、水気を切って千切りにする。戻し汁はとっておく。
2. 熱したフライパンにごま油を入れ中火で鶏ひき肉を炒め、火が通ったら1の松茸を入れ炒め合わせる。
3. 春雨を加え、1の戻し汁と水を合わせて150ml入れ、春雨をほぐしながら、やわらかくなるまで煮る。水気がなくなったらしょうゆとバター、こしょうで味を調える。最後に青ねぎを散らす。

松茸のおいしさで
いつもの料理が
主役級のひと品に！

ポルチーニのマカロニサラダ

ちょっと脇役な感じのマカロニサラダも
ポルチーニのうま味が加わるとたちまち主役級に。

材料（2人分）

ドライポルチーニ…5g
マカロニ…60g
卵…1個
玉ねぎ（みじん切り）…1/8個分
ハム（約1cm角に切る）…40g
マヨネーズ…大さじ4
塩、こしょう…各適量

作り方

1. ドライポルチーニを戻し（戻し方はP8参照）、水気を切って細かく刻む。
2. マカロニと卵はそれぞれゆでる。玉ねぎは水にさらしてしっかりと水気を切る。
3. ボウルに 1 のポルチーニと 2 のマカロニ、玉ねぎ、ハム、マヨネーズを入れて和える。
4. 2 のゆで卵を細かく切って混ぜ入れ、塩、こしょうで味を調える。（写真は1人分）

porcini

まいたけそばサラダ

maitake

野菜のシャキシャキ食感に、まいたけでボリュームをプラス。
ランチにおすすめ、食べ応えのあるひと品です。

材料（2人分）

ドライまいたけ…10g
そば（乾麺）…2束
ごま油…大さじ1
麺つゆ（2倍希釈のもの）
…大さじ3
酢…大さじ1
炒りごま…小さじ1
紫玉ねぎ（薄切り）…1/6個分
わさび菜（食べやすい大きさにちぎる）
…2本分
黄色パプリカ（薄切り）…1/4個分

作り方

1. ドライまいたけを戻し（戻し方はP8参照、戻し用の水や湯は100ml）、水気を切って食べやすい大きさに切る。戻し汁はとっておく。
2. そばをゆで、冷水に取って水気を切っておく。
3. 熱したフライパンにごま油を入れ、*1* のまいたけをさっと炒めて粗熱をとる。ボウルに麺つゆと *1* の戻し汁大さじ2と酢、炒りごまを合わせ、*2* のそば、まいたけ、紫玉ねぎ、わさび菜、パプリカを加えてさっくりと合わせ器に盛る。（写真は1人分）

ポルチーニペンネ

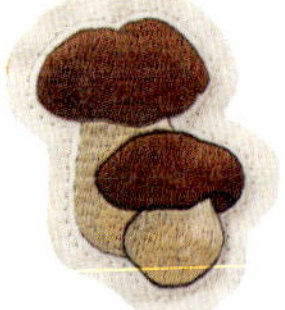

porcini

簡単でシンプルな作り方だからこそ
ポルチーニのおいしさが際立つ本格派のパスタです。

材料（2人分）
ドライポルチーニ…5g
ペンネ…100g
オリーブオイル…大さじ2
にんにく（みじん切り）…1片分
玉ねぎ（みじん切り）…1/4個分
バター…大さじ1
塩、こしょう…各適量
パルメザンチーズ（粉）…適量

作り方

1. ドライポルチーニを戻し（戻し方はP8参照、戻し用の水や湯は100ml）、水気を切って千切りにする。戻し汁はとっておく。
2. ペンネをゆでる。ゆで汁（70ml）はとっておく。
3. フライパンにオリーブオイルを熱し、にんにくを入れ香りが立ったら玉ねぎを加えて炒め、色づいたら1のポルチーニを入れて炒め合わせる。
4. 1の戻し汁とパスタのゆで汁を入れ煮立ったら、2を入れて1分ほど絡めながら炒め、バターを加えて塩、こしょうで味を調える。皿に盛り、パルメザンチーズをかける。

chapter

5

スープ＆鍋

きのこ鍋

yamabushitake

歯応えが心地よいやまぶしたけが
たっぷりきのこの鍋のおいしいアクセントに。

材料（2人分）
ドライやまぶしたけ…10g
しょうゆ…大さじ2
みりん…大さじ2
酒…大さじ2
鶏もも肉（ぶつ切り）…200g
えのき（石突きをとって小分けにする）
…1パック分
まいたけ（石突きをとって小房に
分ける）…1パック分
しいたけ（石突きをとって半分に切る）
…4個分
ねぎ（斜切り）…1/2本分
せり（根はきれいに洗い、
10cmほどに切る）…1束分
厚揚げ（一口大に切る）…1枚分

作り方

1. ドライやまぶしたけを戻し（戻し方はP8、P64参照、戻し用の水や湯は100ml）、水気を切って食べやすい大きさに切る。戻し汁はとっておく。
2. 1の戻し汁と水を合わせて800mlを鍋に入れ、しょうゆ、みりん、酒を入れて中火にかけ、煮立ったら鶏もも肉を加える。
3. アクを取りながら鶏もも肉の色が変わってきたら、他の材料を全て鍋に入れて3分ほど火を通す。

※お好みで、ごぼう、れんこん（分量外）を入れてもおいしい。

ドライきのこ3種
（ポルチーニ、トリュフ、松茸、P95参照）で
だしをとれば、
味わいも深まり超贅沢な鍋に！

やまぶしたけのポトフ

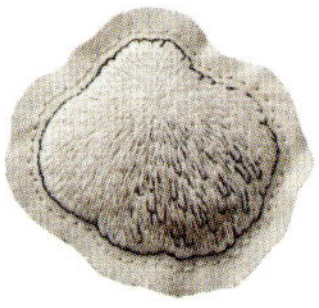

yamabushitake

やまぶしたけの食感がおいしさのアクセント。
季節によって好みの野菜に変えても。

材料（2人分）

ドライやまぶしたけ…10g
オリーブオイル…適量
厚切りベーコン（半分ほどに切る）…200g
ソーセージ…2本
キャベツ（半分に切る）…1/4個分
玉ねぎ（4～6ツ割に切る）…1個分
じゃがいも（半分に切る）…2、3個分
かぶ（茎は4cmほど残して半分に切る）…2個分
ローリエ…1枚
塩、こしょう…各適量
粒マスタード…適量

作り方

1. ドライやまぶしたけを戻し（戻し方はP8、P64参照、戻し用の水や湯は100ml）、水気を切って食べやすい大きさに切る。戻し汁はとっておく。
2. 熱した鍋にオリーブオイルを入れ、ベーコンの両面に焼き目をつけたら、ソーセージと1のやまぶしたけ、野菜を全て鍋に入れる。
3. 1の戻し汁と水を合わせて800ml入れ、ローリエを入れて蓋をし、煮立てたら弱火で20分ほど煮込む。
4. 塩、こしょうで味を調え、皿に盛り付けて粒マスタードを添える。

STAUB

まいたけの薬膳スープ

まいたけのうま味と食感を楽しめるスープは
くこの実となつめが入って滋養満点！

材料（2人分）

ドライまいたけ…10g
ごま油…適量
手羽先…4本
にんにく…1片
しょうが…1片
なつめ…2個
くこの実…大さじ1
酒…大さじ1
しょうゆ…大さじ1
塩、こしょう…各適量
長ねぎ（白髪ねぎにする）…10cm分

作り方

1. ドライまいたけを戻し（戻し方はP8参照、戻し用の水や湯は100ml）、水気を切って食べやすい大きさに切る。戻し汁はとっておく。
2. 熱した鍋にごま油を入れ、手羽先の両面に焼き目をつける。
3. 2に1のまいたけ、にんにく、しょうが、なつめ、くこの実、1の戻し汁と水を合わせたもの400ml、酒、しょうゆを加えて蓋をし、煮立てたら弱火で20分ほど煮る。
4. 塩、こしょうで味を調え、白髪ねぎを添える。

maitake

スープがたっぷり
しみたまいたけは
最高のおいしさ!!

まいたけのハノイ風雑煮

ハノイで食べて感激したお雑煮をまいたけで作ってみました。

材料（2人分）

ドライまいたけ…10g
ごま油…大さじ1
にんにく（みじん切り）…1片分
豚ひき肉…100g
厚揚げ（一口大に切る）…1/2枚分
パクチー…適量
ニョクマム（またはナンプラー）
…大さじ1
みりん…大さじ1
砂糖…大さじ1/2
しょうゆ…適量
こしょう…適量
切り餅…2個
フライドオニオン…適量
ライムやすだちなど柑橘類
（くし形切り）…適量

作り方

1. ドライまいたけを戻し（戻し方はP8参照、戻し用の水や湯は100ml）、水気を切って食べやすい大きさに切る。戻し汁はとっておく。
2. 深めのフライパンにごま油を熱し、にんにくを入れて香りが立ったら豚ひき肉を加えて炒める。
3. 1のまいたけを加えて炒め合わせ、1の戻し汁と水を合わせて400ml入れて煮立たせたら、厚揚げを入れる。
4. みじん切りにしたパクチーの茎（約2本分）を入れ、ニョクマム、みりん、砂糖、しょうゆ・こしょうで味を調える。
5. 餅を入れてとろとろになるまで蓋をして煮る。
6. 器に盛り、パクチーの葉の部分とフライドオニオン、柑橘類を添える。（写真は1人分）

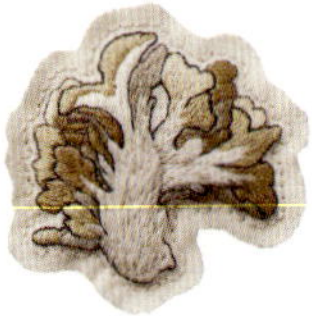

maitake

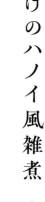

やまぶしたけと骨付き豚肉の シンガポール風スープ

やまぶしたけが豚肉のうま味を吸って、口福のおいしさ。

材料（10個分）

ドライやまぶしたけ…10g

油…大さじ1

骨付き豚肉（スペアリブ用）…400g

にんにく…3片

しょうが…1片

大根（1.5cm厚さの半月切り）

…9cm分

くこの実…大さじ1

薄口しょうゆ…50ml

濃口しょうゆ…適量

みりん…大さじ1

塩…適量

粗挽き黒こしょう…適量

五香粉…小さじ1

作り方

1. ドライやまぶしたけを戻し（戻し方はP8、P64参照、戻し用の水や湯は100ml）、水気を切って食べやすい大きさに切る。戻し汁はとっておく。
2. 鍋に油を入れ、骨付き豚肉の両面を焼く。
3. 1の戻し汁と水を合わせて500mlを加え、にんにく、しょうが、1のやまぶしたけ、大根、くこの実を入れて中火にかける。アクを充分に取って、薄口しょうゆと濃口しょうゆ、みりんを加え、大根がやわらかくなるまで煮る。
4. 味をみて塩、黒こしょうで調味し、五香粉を入れる。（写真は1人分）

ポルチーニ風味のオニオングラタンスープ

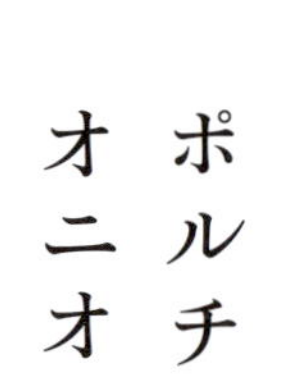

porcini

濃厚なおいしさが特徴のオニオングラタンスープに
ポルチーニが入るとさらにコク深い味わいに。

材料（2人分）

ドライポルチーニ…5g
バター…20g
玉ねぎ（薄切り）…2個分
塩、こしょう…各適量
バゲット（1cm薄切り）…2枚
シュレッドチーズ…適量

作り方

1. ドライポルチーニを戻し（戻し方はP8参照、戻し用の水や湯は100ml）、水気を切って食べやすい大きさに切る。戻し汁はとっておく。
2. 鍋にバターと玉ねぎを入れ、玉ねぎがきつね色になるまでじっくりと炒める。
3. 1の戻し汁と水を合わせて600ml入れ、1のポルチーニを加えて沸騰したら、塩、こしょうで味を調える。
4. 耐熱スープ容器に3を分け入れ、バゲット、シュレッドチーズをのせてオーブントースターなどで約5分、こんがりと焼き色がつくまで焼く。（写真は1人分）

chapter

6

おやつ

トリュフパウダーのパンケーキ

truffle

トリュフがほんのり香る生地にトリュフはちみつをかけて
大人のおやつタイムを贅沢なひとときに。

材料（2人分）

トリュフパウダー…10g
薄力粉…120g
ベーキングパウダー
　…小さじ1
卵（溶く）…1個
牛乳…130ml
油…大さじ1
バター…適量
トリュフはちみつ（P28参照）
　…適量

作り方

1. トリュフパウダーと薄力粉、ベーキングパウダーを合わせてふるう。
2. 1の粉類に卵、牛乳、油を加え、さっくりと混ぜ合わせる。
3. 熱したフライパンにバター（適量）を入れ2の生地を適量入れて焼く。残りの生地も同様に焼く。
4. 器に盛ってバターをのせ、トリュフはちみつをかける。お好みでトリュフバター（P12参照）をのせても。（写真は1人分）

小さく焼いて
お酒を楽しむときの
お供にしても。

ポルチーニパウンドケーキ

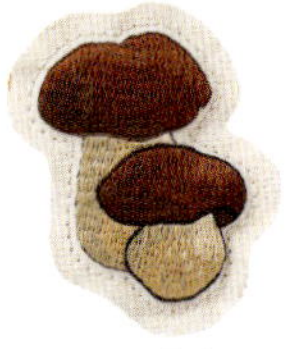

porcini

ポルチーニ香るパウンドケーキはおやつにはもちろんのこと、
ワインに合うおつまみとしても楽しめます。

材料（18cm パウンド型 1 本分）

ドライポルチーニ…5g
バター（室温に戻す）…100g
砂糖…100g
卵（溶く）…2 個分
＊薄力粉…100g
＊アーモンドプードル…20g
＊コーンスターチ…10g
＊ベーキングパウダー
　…小さじ 1
＊塩…ひとつまみ
＊こしょう…少々

作り方

1. ドライポルチーニを戻し（戻し方は P8 参照、戻し用の水や湯は 100ml）、水気を切ってみじん切りにする。戻し汁はとっておく。
2. ボウルにバターを入れて練り、クリーム状にやわらかくなったら、砂糖を入れて白っぽくふんわりとするまで泡立て器でよく混ぜる。
3. 卵を 2 に 2 回に分けて加え、そのつど泡立て器でよく混ぜる。1 の戻し汁 50ml も入れてよく混ぜる。オーブンを 180℃に温める。
4. ボウルにざるをおき、＊を合わせて入れ、3 にふるいながら入れる。泡立て器で混ぜ合わせてオーブン用シートを敷いたパウンド型に流し込む。
5. オーブンで 10 分焼いて一度取り出し、縦にナイフで切り込みを入れ、また戻して 30 分～ 40 分ほど焼く。竹串をさして、何もついてなければ OK。
6. 型から外し、ケーキクーラーなどの上におき、冷ましてから切り分ける。

※オーブンは電気オーブンを使用。機種によって焼き加減に差があるので、ご使用のオーブンのクセを確認しておきましょう。

トリュフフォカッチャ

truffle

生地にトリュフの戻し汁を加えることで風味が増し
味わい深いフォカッチャが焼き上がりました。

材料（作りやすい分量）

ドライトリュフ…5g
強力粉…200g
砂糖…小さじ 1
塩…4g
ドライイースト…3g
オリーブオイル…適量
打ち粉…適量

作り方

1. ドライトリュフを戻し（戻し方は P8 参照、戻し用の水や湯は 100ml）、水気を切って千切りにする。戻し汁はとっておく。
2. ボウルにざるをおき、強力粉、砂糖、塩、ドライイーストを入れ、ふるっておく。
3. 1 の戻し汁とぬるま湯を合わせて 170ml にし、オリーブオイル大さじ 1 を加えたものを 2 に少しずつ混ぜ合わせ、粉けがなくなったらラップをかけて室温で 10 分休ませる。
4. 3 の生地をゴムベラなどで横方向に持ち上げて伸ばしてたたみ、次は縦方向に伸ばしてたたみ、さらに横方向に同様にたたみ、これを 3、4 回繰り返す。ラップをして 2 倍に膨らむまで室温で 30 ～ 40 分ほど休ませる。オーブンを 220℃に温める。
5. 4 のボウルの生地に打ち粉を多めにふり、ゴムベラなどをぐるりと一周差し込んで生地を取り出す。生地の下に手を入れて中心から四隅に向かって、厚さを均一にして 20cm 四方に広げて 4 等分にたたむ。
6. 天板にオーブン用シートを敷いて、5 をのせて 15cm × 20cm ほどに伸ばして、トリュフと塩（粗め、分量外）、オリーブオイルをふりかけて、オーブンに入れ、20 分ほど焼く。オーブンから出し、ケーキクーラーなどの上において冷まし、切り分ける。

※オーブンの使い方は P88 参照。

ポルチーニパウダーのクッキー

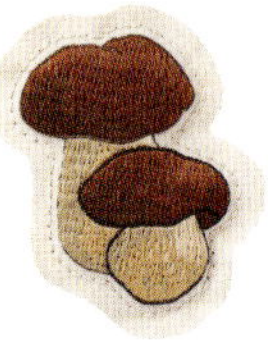

porcini

ひと口サクッと食べた途端に、口の中いっぱいに
ポルチーニのうま味と風味が広がります。

材料（作りやすい分量）

ポルチーニパウダー…20g
バター（室温に戻す）…100g
砂糖…60g
卵黄…2個分
薄力粉…170g

作り方

1. ボウルにバターを入れてクリーム状に練り、砂糖を入れ泡立て器などで白っぽくなるまで混ぜ、卵黄を1つずつ加えてよく混ぜ合わせる。
2. 薄力粉とポルチーニパウダーをふるったものを入れてさっくりと混ぜ、ラップにのせて巻くようにしながら、断面が5cm角の正方形になるようにまとめ、冷蔵庫で約2時間休ませる。その間にオーブンを160℃に温める。
3. 2を厚さ1cmに切り、オーブン用シートを敷いた天板に並べて、オーブンで20～30分焼く。焼き上がったらケーキクーラーなどの上に並べて冷ます。

※オーブンの使い方はP88参照。

トリュフ塩バニラアイス

アイスには珍しい、トリュフの食感を楽しみながら、
ほのかにうま味も感じられる贅沢なおいしさ。

材料（作りやすい分量）
ドライトリュフ…5g
バニラアイス…300ml
塩…ひとつまみ（約1g）

作り方

1. ドライトリュフを戻し（戻し方はP8参照、戻し用の水や湯は50ml）、水気を切ってみじん切りにする。戻し汁はとっておく。
2. 室温において少しやわらかくしたバニラアイスに、1のトリュフと塩、戻し汁大さじ1を入れてよく混ぜ合わせ、冷凍庫で再度冷やし固める。

truffle

本書に登場したきのこのふるさと

今や世界的なきのこ産地

雲南省《うんなん》の
天然トリュフ、
ポルチーニ、松茸

雲南省は中国南西部に位置し、面積は日本とほぼ同じ。ベトナム、ラオス、ミャンマーと国境を接した、雪山から熱帯雨林まで有する大自然に囲まれた土地です。独特な気候と複雑な地形によって生まれる多種多様なタイプの森林は、「天然きのこの楽園」として知られ、中国全土の約90%に当たる約900種類の天然の食用きのこが自生しています。近年は天然のトリュフ、ポルチーニ、松茸の一大産地としても世界的に注目されています。

省都にある昆明市には、多様なきのこを揃えた世界最大とも言われるきのこ専門市場があり、一年を通してさまざまなきのこの取引が行われています。

松茸

雲南省デチェン・チベット族自治州、シャングリラ産の松茸は、大きく、肉質が柔らかく、香りと色も優れていることで評判を呼んでいます。

ポルチーニ

中国でも高価なきのこの一つで、漢方の生薬や、薬膳料理などの素材として用いられてきました。近年はヨーロッパにも輸出されています。

トリュフ

数多くの命を育む深い森が存在する雲南省の地形や気候は、黒トリュフが育つには最適な地と言われ、極上の天然物が収穫されています。

本書で使用したドライきのこ

香味小堂
乾燥 ヤマブシ茸
内容量20g
原産国／日本

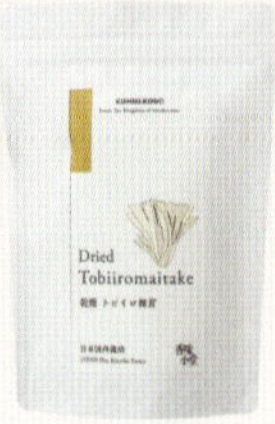

香味小堂
乾燥 トビイロ舞茸
内容量15g
原産国／日本

香味小堂
ドライマツタケスライス
内容量20g
原産国／中国雲南省

香味小堂
ドライポルチーニスライス
内容量35g
原産国／中国雲南省

香味小堂
ドライトリュフスライス
内容量25g
原産国／中国雲南省

〈香味小堂〉

香味小堂
マツタケパウダー
内容量15g
原産国／中国雲南省

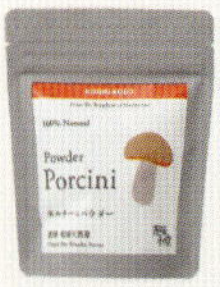

香味小堂
ポルチーニパウダー
内容量20g
原産国／中国雲南省

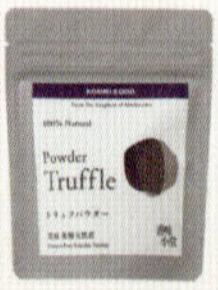

香味小堂
トリュフパウダー
内容量15g
原産国／中国雲南省

香味小堂
ドライ3種
ミックスキノコスライス
（ポルチーニ・トリュフ・松茸）
内容量40g
原産国／中国雲南省

※パッケージデザイン等が変更になる場合があります。

東北のきのこ王国、山形で栽培

最上《もがみ》地方のまいたけ、やまぶしたけ

きのこ王国山形では、より天然に近い、味わい深いきのこを栽培しています。中でも本書で使用したドライのとび色まいたけは、天然種から栽培を成功させたもの。やまぶしたけも同様に山形県内の天然種から菌を採取し栽培を可能にしたものです。中国では薬膳、宮廷料理に使用されるなど滋養作用が珍重され、漢方の材料として扱われて来た歴史があります。

まいたけの栽培

秋田県・岩手県の山地のブナ・ナラのオガクズを菌床にして、蒸気殺菌を行ってからクリーンルームにて栽培。温度管理をしつつ約45日間培養し、さらに約2週間生育した後、収穫します。

やまぶしたけの栽培

菌床原料はまいたけと同様、ブナ・ナラのオガクズを使用。約30日間培養し、さらに約25日生育した後、ふんわり丸く育った姿をくずさないように、ナイフでていねいにカットして収穫します。

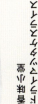

装丁・本文デザイン／宮巻 麗
装画／ atsumi
www.itosigoto.com
撮影／西山 航（株式会社世界文化ホールディングス）
スタイリング／駒井京子
料理アシスタント／金木 麗
撮影協力／ UTUWA

編集／土肥由美子（株式会社世界文化社）
編集協力／唐沢 耕
校正／天川佳代子

企画・商品協力／株式会社フーズクリエート（香味小堂）

〈料理〉

真藤舞衣子（しんどう・まいこ）

発酵研究・料理家
会社勤めののち、京都の大徳寺塔頭で1年間生活。その後、フランスへの料理留学、東京での菓子店勤務などを経て独立。和食、フレンチ、パン、スイーツ、発酵食など、手がける料理は幅広く、作りやすくてセンスのいいレシピが常に評判。料理教室、レシピ開発、講演、テレビやラジオ出演など幅広く活躍。『はじめてのサワードゥブレッド』（文化出版局）『発酵美人になりませう。』（宝島社）『つくりおき発酵野菜のアレンジごはん』（主婦と生活社）など著書多数。
Instagram @maikodeluxe

〈栄養監修〉

柳澤幸江（やなぎさわ・ゆきえ）

和洋女子大学家政学部健康栄養学科教授。博士（栄養学）、管理栄養士。女子栄養大学栄養学科卒業後、同大学大学院博士後期課程修了。日本咀嚼学会、日本家政学会、日本調理科学会の理事も務める。

人気のトリュフやポルチーニなど！

ドライきのこの美味レシピ

発行日／ 2024年9月25日　初版第１刷発行

著　者／真藤舞衣子
発行者／岸 達朗

発　行／株式会社世界文化社
〒102-8187　東京都千代田区九段北4-2-29
電　話／ 03-3262-5124　（編集部）
03-3262-5115　（販売部）
印刷・製本／株式会社リーブルテック
DTP製作／ 株式会社明昌堂

ISBN 978-4-418-24305-1

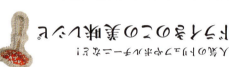